AF454232

ANDRÉ JOUBERT

LE
COMTE DE FALLOUX

DEUXIÈME ÉDITION

ANGERS

IMPRIMERIE-LIBRAIRIE GERMAIN ET G. GRASSIN
Rue Saint-Laud

—

1886

LE
COMTE DE FALLOUX

ANDRÉ JOUBERT

LE
COMTE DE FALLOUX

ANGERS

IMPRIMERIE-LIBRAIRIE GERMAIN ET G. GRASSIN

Rue Saint-Laud

1886

LE COMTE DE FALLOUX

Vivre en travaillant, mourir en priant.

(Dix ans d'agriculture.)

I

Une grande lumière vient de s'éteindre parmi nous. M. le comte Alfred de Falloux, membre de l'Académie française, ancien ministre de l'Instruction publique et des Cultes, dernier et illustre représentant des nobles luttes d'autrefois, compagnon d'armes des Lacordaire, des Berryer, des Dupanloup, des Montalembert, des Ozanam, des Cochin, est mort, le mercredi 6 janvier, dans sa modeste demeure de l'impasse des Jacobins, qu'il se plaisait à appeler son « presbytère. » Il était né à Angers le 7 mai 1811. Si ses forces physiques semblaient, depuis quelque temps, faiblir un peu, sa haute intelligence et son vaillant esprit n'avaient subi aucune atteinte. Il est resté, jusqu'à la fin, le champion de l'honneur, de la justice et de la vérité, dont, il y a peu de mois, il embrassait encore avec un ardent amour, comme il le disait lui-même, les « vieux autels, » pour la dernière fois. Dès qu'il manifestait, par la voie de la presse, ses idées sur les questions brûlantes du jour, l'opinion était émue et le public se tenait en éveil.

Sa famille était originaire de la paroisse de la Lande-des-Verchers. Michel Falloux, sieur du Lys, près le Puy-Notre-Dame, fils d'Antoine Falloux, fut lieutenant au siège de l'Élection d'Angers, puis maire, le 1ᵉʳ mai 1711-1712, et continué en 1713-1714. On lui doit la place qui garde son nom. Il avait épousé Laurence-Françoise Boisard de Marolles. Il portait : *D'or au chevron de gueules accompagné en chef de trois étoiles d'azur rangées et d'une rose de gueules en pointe.* Ces armes figurent sur son jeton, chargé, au revers, d'une ruche, autour de laquelle voltigent quatorze abeilles; au sommet, se tient leur reine; en légende : *Non sibi sed populo. Anno pacis. G. 1714.* Son fils, Michel-René Falloux, sieur du Lys, conseiller du roi, lieutenant général en la Sénéchaussée d'Anjou, marié à Marie-Jeanne Girault de Mozé, mourut à Angers en 1753.

La Révolution n'épargna pas la famille de Falloux. Michel-Laurent Falloux, sieur du Lys, gendarme de la garde du roi, fut condamné à mort le neuvième jour de la première décade de l'an II. Sa sœur, Michelle Falloux, comparaissait à son tour devant le tribunal révolutionnaire, établi à Angers, le 15 nivôse de la même année.

Mᵐᵉ de Souci, grand'mère de M. de Falloux, sous-gouvernante des enfants de France avec Mme de Tourzel, avait partagé la captivité des augustes prisonniers du Temple. Elle fut chargée plus tard de conduire la fille de Louis XVI en Allemagne, lorsque la Convention l'échangea contre plusieurs de ses membres.

La Restauration récompensa par des lettres de noblesse, en 1825, le dévouement monarchique des Falloux. Le 30 octobre 1830, Dupont de l'Eure, garde des sceaux, contresignait les lettres-patentes qui portaient érection en majorat des biens faisant partie de la terre de la Meignannerie, en faveur du père de M. de Falloux, Guillaume-Frédéric Falloux, chevalier de Saint-Louis, ancien combattant de Quiberon. Le titre de comte était attaché au majorat.

Après avoir reçu les pieux exemples d'une mère vraiment chrétienne, M. de Falloux entra au collège Bourbon. Ses humanités terminées, il voulut achever son éducation par l'étude des institutions et des hommes. Il parcourut l'Europe entière et rencontra un accueil sympathique auprès des plus illustres représentants de la politique et des lettres. D'une taille élevée, l'œil bleu, les cheveux blonds, la voix harmonieuse, selon un de ses plus récents biographes auquel nous empruntons ces souvenirs, passionné pour les arts, adorant la musique, jouant à ravir la comédie de salon, mais gentilhomme jusqu'au bout des ongles et, même dans l'abandon, le plus aimable, ayant toujours grand air, il était recherché comme un type accompli de cette société française dont la grâce et l'esprit n'ont pas cessé de séduire le monde. Il épousa Mlle de Caradeuc, qui descendait du célèbre Louis-René de Caradeuc de la Chalotais, procureur général au parlement de Bretagne.

II

M. de Falloux était une des plus pures illustrations de notre contrée et une des gloires de la France depuis près d'un demi-siècle. Les partisans des doctrines conservatrices et libérales, dont le *Correspondant* est l'organe autorisé, le regardaient, avec un légitime orgueil, comme leur meilleur conseiller et leur guide le plus sûr. Il était la personnification la plus éclatante des idées politiques et religieuses qu'il avait entrepris de faire prévaloir. Nous n'avons pas l'intention de retracer, dès maintenant, la belle carrière et les œuvres admirables de M. le comte de Falloux. Son entrée sur la scène politique date de 1846. Sans aborder ici l'examen détaillé du rôle de M. de Falloux, il faut rappeler les brillantes qualités qu'il déploya dans les luttes de la tribune. Son talent grandissait avec le péril. Tous ses collègues admiraient « son intrépidité froide. » Les plus violentes apostrophes de ses adversaires ne le troublaient pas. Toujours maître de lui-même, il avait le geste éloquent et mesuré, le trait incisif, la riposte foudroyante, le don de l'ironie hautaine et l'art des allusions amères. Les interruptions pleuvaient sur lui, il restait impassible et souriait avec dédain, sans

se laisser intimider par le déchaînement de l'ouragan.
Des mots frappés comme des médailles résumaient
la profondeur de sa pensée. Les discours de M. de
Falloux avaient, dans le pays, un immense retentis-
sement. Ses apostrophes sont célèbres : « L'injure
subit la loi même des corps physiques et n'acquiert
de gravité qu'en proportion de la hauteur d'où elle
tombe... » Et encore : « Apprenez, Monsieur, que la
France ne veut ni des hommes qui ne sont capables
de rien, ni des hommes qui sont capables de tout !... »

Rien n'égalait la variété surprenante de ses apti-
tudes. Homme public, orateur, littérateur, polémiste,
négociateur, agriculteur, homme privé, il a su im-
primer aux divers actes de sa vie les marques de la
personnalité la plus nettement caractérisée. Rappe-
lons seulement que le rétablissement du pouvoir
temporel de la Papauté et la loi de 1850 constituent
les deux titres principaux de leur auteur à la reconnaissance de tous les catholiques. Il ne faut pas
oublier son courageux rapport sur la nécessité du
licenciement des ateliers nationaux. M. Thiers, qui
s'y connaissait, l'a peint d'un mot : « M. de Falloux,
disait-il, est un homme d'État de pied en cap. » Un
autre a ajouté : « C'est l'homme d'État même. »
« Quiconque n'a pas vu M. de Falloux à une table de
conseil, répétait M. de Tocqueville, ne sait ce que
c'est que la puissance d'un homme. »

Le littérateur n'était pas inférieur à l'orateur.
C'était un écrivain de race, nourri de l'étude des
chefs-d'œuvre des auteurs classiques, formé à l'école
des maîtres du style. Le cadre restreint de cette

notice ne nous permet pas d'analyser, en détail,
aujourd'hui, chacun des ouvrages sortis de la plume
de M. le comte de Falloux. Nous devons nous con-
tenter de signaler ses livres : « *Histoire de saint
Pie V*, pape, de l'ordre des Frères prêcheurs,
*Louis XVI, Madame Swetchine, sa vie et ses
œuvres, Lettres de Madame Swetchine, Correspon-
dance du R. P. Lacordaire et de Madame Swetchine,
Discours de réception à l'Académie française,
Augustin Cochin,* (dont nous avons rendu compte
ici), l'*Évêque d'Orléans ;* puis, plus récemment, les
Mélanges et Discours et les *Études et Souvenirs,*
sans compter les articles dans le *Correspondant,* les
brochures, etc. M. le comte de Falloux était l'un des
plus anciens présidents d'honneur de la *Société
d'Agriculture, Sciences et Arts d'Angers,* et l'un des
amis de la *Revue de l'Anjou.*

Sa passion pour la musique lui a inspiré une bril-
lante défense de sa mélodieuse cliente, attaquée par
M. de Laprade : « Si la musique ne rendait à l'homme
d'autre service que de le porter à la rêverie, je croi-
rais encore qu'il faut la ranger parmi les agents et
conseillers d'un ordre élevé. Rêver n'accomplit et ne
termine rien, mais commence beaucoup de choses ;
rêver, ce n'est pas encore le bien, mais ce n'est déjà
plus le mal dans son action impérieuse et grossière ;
rêver, c'est le premier acte de l'imagination en conflit
avec de vulgaires réalités. C'est l'état intermédiaire
entre l'attrait et le dégoût. C'est le déclin de l'orgie
et l'aurore de l'amour. Rêve-t-il, celui qui ne connaît
encore que les aiguillons de la chair ? Rêve-t-il, celui

qui se précipite dans toutes les frénésies du jeu et dans toutes les ivresses de la sensualité? Non, et vous soulèveriez son dédain, probablement sa colère, si vous lui parliez de ces horizons indécis qui ne sont plus la terre et qui ne sont pas encore le ciel, de ces pensées incertaines et flottantes qu'on peut nommer lassitude ou regret, mais pas encore remords ou repentir.

« Combien de temps saint Augustin a-t-il rêvé avant de croire, avant de s'incliner et de prier? Demandez-le aux larmes de sainte Monique! elles seules pourraient vous répondre. Mais si, par malheur, vous enleviez au pauvre cœur humain cette halte passagère entre le mal et le bien, qui s'appelle la rêverie, vous auriez rompu le pont entre les deux mondes invisibles, que presque tout homme doit traverser pour arriver à sa propre valeur et s'établir dans son état définitif. Bénie soit donc la musique, car elle ne peut nous faire rêver, sans nous détacher de nous-mêmes, sans nous entraîner dans cette sphère de l'idéal qui, pour beaucoup d'âmes ou faibles ou délaissées, n'est point encore le sanctuaire, mais en est au moins le parvis. »

III

Condamné soudain à la retraite, en pleine vigueur, par le coup d'État, il se retira au Bourg-d'Iré, afin de s'y consacrer tout entier au culte des lettres et au perfectionnement de l'agriculture. Il restaura ce magnifique château dont l'ornement intérieur est empreint d'un cachet de noblesse et d'élévation morale vraiment saisissant. Il était secondé, dans la direction de sa vaste exploitation, par son intelligent régisseur, M. Lemanceau, qui disputait, avec succès, la grande prime d'honneur régionale, et dont les superbes élèves de race anglaise se signalaient, chaque année, dans les différents concours de notre contrée. M. le comte de Falloux a su trouver, pour parler de la vie des champs, des accents d'une poésie et d'une philosophie supérieures :

« L'agriculture ne corrompt point ceux qu'elle enrichit, seul genre de fortune qui mérite ce compliment. Ses délassements comme ses travaux répugnent à dépraver les masses. C'est la carrière où la créature demeure le plus constamment en rapport avec le Créateur. Ses instruments principaux lui viennent directement de Dieu ; le soleil et le nuage, la chaleur et la rosée sont les premiers ouvriers. Le regard du laboureur est, avec le regard de l'astronome, celui qui se lève le plus habituellement vers le ciel. C'est aussi la carrière qui porte le moins d'atteintes au caractère primordial de la famille.

« Les générations se groupent derrière leur chef et se réunissent chaque soir autour du même foyer. Le mécanicien et l'artisan, dans la plupart des villes, ont à peine la place d'un ménage. L'apprentissage les décharge trop souvent du souci paternel, aussitôt que l'enfant peut aller chercher subsistance n'importe où et n'importe à quel prix. Pour le travail des champs, l'air et l'espace ne manquent jamais ; la famille y est toujours une richesse, et l'éloignement d'un fils ou d'une fille une calamité autant qu'une affliction.

« C'est à la campagne que se réalise naturellement le vœu si touchant et si juste de saint Augustin : *Delectatio ordinet animam,* que les plaisirs contribuent au bon ordre de l'âme. La ville change trop souvent les distractions en piège, la camaraderie en danger. Dans une vaste agglomération d'hommes, il est bien difficile que la vivacité de la jeunesse ne dégénère pas en licence. Par une corrélation fatale, à mesure qu'on attire l'ouvrier en plus grand nombre dans les villes, on apporte la même légèreté à multiplier pour lui les faciles dissipations et les occasions de débauche. Procurer à l'homme de labeur le repos de ses membres et l'épanouissement de son âme est sacré ; jeter partout sous ses yeux l'appât de l'orgie grossière est impie.

« Quand on descend dans ces abîmes, quand on contemple de près ces désespoirs navrants et ces consolations hébétées, ces bons instincts comprimés, ces brutalités assouvies, le cœur est saisi d'effroi pour la société et de remords pour la civilisation. Dans la vie des champs, les distractions participent à toute la simplicité de la vie commune et publique. L'œil du maître ou du père ne cesse jamais de les apercevoir et, quand un désordre s'est glissé dans une liaison, il est bien rare qu'un mariage heureux et honnête ne répare pas, sous l'aiguillon de la conscience, une faute d'entraînement. »

L'homme d'État, devenu laboureur, concluait en ces termes :

« Ce langage signifie-t-il que l'agriculture doit être seule régulatrice des combinaisons politiques, et vise-t-il, par enthousiasme pour une carrière de prédilection, à la désertion de tous les emplois, à l'abandon de nos assemblées délibérantes ? Cette prétention serait insensée, et je serais humilié qu'on me la prêtât. L'agriculture doit être puissante dans une grande nation, mais non pas seule puissante. Le char de l'État risquerait de devenir une charrette, et j'en serais aussi désolé que personne.

« La pensée de ce travail ne s'adresse donc qu'aux propriétaires exilés, volontaires ou involontaires, de la hiérarchie officielle, et qui de là pourraient conclure qu'aucune fonction publique n'existe plus pour eux. A ceux-là, je crois, on ne saurait trop le répéter : les jouissances de la vie agricole s'appuient sur des devoirs, et ces devoirs y revêtent une forme moins troublée, moins douteuse que sur d'autres théâtres. Bien téméraire serait celui qui attribuerait à une condition quelconque de la vie, une somme plus forte ou plus certaine de ce qu'ici-bas on nomme le bonheur. Notre sérénité tient plus à notre caractère qu'à notre état. Envier le sort d'autrui, c'est juger sur une illusion et poursuivre une chimère.

« Cependant, si l'on osait former un choix en matière de destinée, c'est probablement la vie des champs qui tromperait le moins d'espérances. Le vrai campagnard est en même temps actif et séden-

taire ; sensible à l'honneur, inaccessible à l'ambi-
tion, il sert son pays sans quitter son foyer. Son
corps est robuste parce que son âme est paisible.
Jette-t-il son regard en arrière, il retrouve assuré-
ment des soucis ou des peines, mais point de regrets.
Quand ses jours sont comblés, il laisse autour de sa
tombe un honnête souvenir de deux ou trois lieues
de circonférence et cette devise à ses successeurs :
Vivre en travaillant, mourir en priant. »

IV

Loin de se désintéresser des affaires publiques,
M. le comte de Falloux luttait sans relâche et se
tenait debout sur la brèche pour la défense des
causes qui n'avaient pas cessé d'êtres chères à sa foi
et à son patriotisme. Quoique malheureusement
éloigné des fonctions publiques, il jouait un rôle actif
et, après la guerre, il apportait à la tentative d'une
restauration monarchique, par la réconciliation des
deux branches de la maison de France, l'appui de
son loyal concours. Pendant l'hiver, depuis ces
dernières années, il résidait de préférence à Angers,
entouré d'un cercle d'amis dévoués, dont la sollici-
tude constante s'efforçait de combler le vide cruel
creusé autour de ce foyer solitaire par la disparition
prématurée des êtres bien-aimés. Toujours affable,
bienveillant et obligeant, il accueillait chacun avec

une urbanité et une grâce dont il semblait avoir le secret. Les heures s'écoulaient, et nous restions sous le charme, captivés par la parole enchanteresse de ce causeur merveilleux.

Nous avions l'honneur envié de compter au nombre des fidèles disciples de M. le comte de Falloux. C'est donc pour nous acquitter d'un pieux devoir que nous venons rendre ici un premier et sincère hommage à la mémoire de ce champion inébranlable du droit et de la liberté dont Léon XIII a dit : « C'est un bon, c'est un grand serviteur de l'Église, » sublime parole que nous voudrions voir graver sur son tombeau. Cet éloge, si mérité, décerné par l'auguste pontife, avait été bien consolant pour notre cher et vénéré maître. Nous souhaitons aussi d'apprendre prochainement que ses *Mémoires,* qui contiennent tant de tableaux palpitants, tant de pages éloquentes, tant de récits attrayants, tant d'épisodes instructifs, tant d'anecdotes curieuses, tant de souvenirs précieux, vont être bientôt publiés. Tous ceux qui les liront rendront justice à l'unité grandiose de cette longue existence entièrement vouée au service de l'Église et de la France.

« La vieillesse serait trop triste, se plaisait-il à répéter, si elle n'enseignait pas à donner et à pardonner. » Au nombre des vertus chrétiennes qu'il pratiquait dans la vie privée, on remarquait son inépuisable charité. Tous les pauvres étaient ses protégés. Il affectionnait également les paysans d'une façon particulière. Il disait récemment au dépositaire de ses dernières volontés : « Je veux être enterré comme un métayer angevin. »

Après avoir installé, dès 1851, à ses frais, une maison de retraite pour les indigents du Bourg-d'Iré, avec pharmacie gratuite pour les pauvres, il fondait, peu après, dans l'enclos de l'ancien château de Segré, l'hospice Swetchine, avec le produit des ouvrages de son illustre amie. Quarante vieillards y sont aujourd'hui recueillis. Son éloge de *la sœur Rosalie* prouve toute son admiration pour les sœurs de charité dont il a parlé en termes si émus : « La sœur de charité force l'hommage de ceux-là mêmes qui le refusent à l'Église catholique, et pourtant cette église seule produit la sœur de charité. La philanthropie suggère quelques heureuses tentatives ; le protestantisme s'honore de quelques imitations méritoires ; mais, hors de nous, la persévérance, la fécondité, la perfection ne se rencontrent pas... »

Son testament renferme cette simple et touchante disposition : « J'interdis, pour mon enterrement et service immédiat ou anniversaire, toute autre cérémonie qu'une messe, sans tentures, ni décoration, ni discours quelconque, ne tenant plus, dans la profonde sincérité de mon cœur, à aucun autre témoignage de souvenir ou d'affection que la prière. » Les obsèques de M. le comte de Falloux, à Angers et au Bourg-d'Iré, ont conservé, dans chaque endroit, leur physionomie spéciale. A Angers, la cérémonie funèbre a été célébrée, à la cathédrale, au milieu d'un profond recueillement, en présence d'une immense assistance, unie par une commune pensée de regret, de douleur et de prière. L'Association artistique, désireuse de payer à l'illustre défunt sa dette de reconnaissance, a fait entendre, pendant le repos du chant liturgique, des symphonies dont l'excellente exécution ajoutait encore à l'impression émouvante du deuil général. Au Bourg-d'Iré, les métayers, fidèles au suprême rendez-vous, se pressaient en foule autour de la dépouille mortelle de celui qui, depuis si longtemps, était leur bienfaiteur. Il dort maintenant, en attendant l'heure du grand réveil, dans l'humble cimetière de campage, auprès de sa famille, entouré de ces paysans qu'il nommait ses amis, confiant dans la miséricorde et dans la justice de Dieu.

Angers, imp. Germain et G. Grassin, rue Saint-Laud. — 505-86.

www.ingramcontent.com/pod-product-compliance
Lightning Source LLC
LaVergne TN
LVHW011441170726
843501LV00009B/3288